AF218815

A. Ketschau

Notizbuch Nebelkrähen

FSC
www.fsc.org

MIX

Papier aus ver-
antwortungsvollen
Quellen
Paper from
responsible sources

FSC® C105338

Bibliografische Information der Deutschen Nationalbibliothek:

Die Deutsche Nationalbibliothek verzeichnet diese Publikation in der Deutschen Nationalbibliografie; detaillierte bibliografische Daten sind im Internet über

http://dnb.d-nb.de abrufbar.

© 2022

Herstellung und Verlag: BoD – Books on Demand, Norderstedt

Ketschau, A.

Notizbuch Nebelkrähen

ISBN 9783755782117

Alle Rechte vorbehalten.

Bildmaterial: A. Ketschau

HINWEIS/ Haftungsausschuss:

Eine Haftung für Schäden, gleich welcher Art, schließe ich aus!

Alle Rechte für das Buch, incl. Bildmaterial, liegen bei der Autorin. Eine Verwendung des Materials ist ohne schriftliche Zustimmung der Autorin unzulässig und strafbar!